Amigos virtuales

TEEN READERS · TR · TEEN READERS

Jaime Corpas
Amigos virtuales
Teen Readers, Nivel 0

Ilustraciones: Birgitte Frier

Editora: Ulla Benzon Malmmose

ISBN Dinamarca 978-87-23-90794-3
www.easyreaders.eu

Easy Readers
EGMONT

Impreso en Dinamarca

Jaime Corpas

Amigos virtuales

TEEN READERS · TR · TEEN READERS

Sobre el autor

Jaime Corpas nace en Pedrola (Zaragoza) en 1965. A los tres años su familia se traslada a Barcelona. Estudia Traducción e Interpretación en la Universidad Autónoma. Trabaja como profesor de español en Barcelona, en Colonia (Alemania) y en Sydney (Australia).

Durante un tiempo es responsable de una revista para estudiantes de inglés. Después publica cursos y materiales para aprender español. Actualmente vive en Madrid y trabaja como editor.

A Jaime le gustan los libros, los viajes y el cine. Su mayor pasión son los idiomas.

Además de este título, también ha publicado en esta misma colección la lectura *Misterio en la Sagrada Familia* para estudiantes de español con un nivel A2.

Muchas gracias a Lola, Azucena, Dani, Matilde, Nuria, Encina y Paula por toda su ayuda e inspiración para escribir este libro.

ADRID
individuals wanting to be recognized as individuals and
eneración
MADRID

1

JORGE

-¡Jorge! ¡Son las siete y cuarto y vas a llegar tarde al instituto!

-¡Ya voy mamá! ¡Ya voy!

Jorge está en la cama y no quiere levantarse, pero Carmen, su madre, está en la puerta de la habitación esperando. «Todos los días la misma historia», piensa ella.

«Todos los días la misma historia», piensa él.

-¡*Venga*! Vas a llegar tarde. Yo tengo que irme a trabajar, pero quiero ver cómo te levantas.

-Vale...

Jorge se sienta encima de la cama y se levanta lentamente.

-Recuerda que después de las clases tienes que estudiar un poco. Sabes que tu padre llega hoy a casa pronto y quiere verte estudiando. ¡Y desayuna algo antes de salir de casa!

-Sí, mamá...

-¡Adiós, *cariño*! ¡Te veo luego!

-¡Adiós, mamá!

Jorge va al cuarto de baño, se mira al espejo. No le gusta su pelo, no le gustan sus gafas y cree que está demasiado delgado. «Tengo dieciséis años y las chicas creen que tengo quince. ¡Quiero ser mayor!», piensa. Mira la hora en

---

venga se usa para animar o mover a alguien a hacer algo

cariño expresión que se usa normalmente entre personas muy próximas (parejas, padre/hijos, etc.) para expresar amor y familiaridad

su móvil. Las siete y media. «¡Tengo que *darme prisa*! ¡Voy a llegar tarde a la clase de Historia!». Se ducha y se viste rápidamente. Va a la cocina, abre la nevera, se sirve un vaso de leche y se lo toma en dos segundos. Se prepara un bocadillo de jamón y lo mete en la *mochila*. Se pone el abrigo y un gorro y sale corriendo de su casa.

En la calle hace frío. Marzo puede ser un mes muy frío en Madrid. Jorge vive en la calle Fernández de los Ríos, en el centro de la ciudad. Baja por la calle Bravo Murillo hasta la calle de San Bernardo y entra en la estación de metro. Su instituto se llama Beatriz Galindo y está en la calle de Goya. En el metro se encuentra con Marta y con Nacho, dos compañeros de clase. Jorge y sus amigos bajan en la estación de Serrano, la parada de metro que está al lado de su instituto.

-Mirad mi nuevo móvil. Es *guay*, ¿verdad? Ahora ya puedo chatear en cualquier momento y no tengo que compartir el ordenador con mi hermano. ¡Por fin soy una chica independiente! –dice Marta.

-¡No está nada mal! Es mejor que el mío –responde Jorge.

-Sí, pero el color no me gusta mucho… –dice Nacho.

-¿Porque es de colores? ¡Pues a mí me encanta! Los chicos no entendéis de estas cosas –dice Marta.

mochila

darse prisa hacer algo con rapidez
guay expresión que usan los jóvenes para decir que algo es fantástico
tío/a expresión habitual entre jóvenes que son amigos

-*Tío*, ¿qué clase tenemos ahora? –pregunta Nacho.

-Historia –responde Jorge.

-¡Qué *rollo*! –dice Nacho.

-Pues a mí me gusta. Después de la clase de Historia tenemos Física y Química y para mí es peor… –dice Jorge.

-¿Qué dices? La Historia es mucho más aburrida que la Física –dice Marta.

-Bueno, pues a mí me gusta más la Historia –dice Jorge–. Ya estamos en Serrano. ¡Vamos!

Los tres compañeros llegan a la puerta del instituto. Hoy llegan cinco minutos tarde a clase y a Jorge no le gusta.

Marta se sienta al lado de su amiga Vanesa. Jorge y Nacho se sientan juntos al final de la clase.

Todos hablan y en la clase hay mucho ruido. El profesor está de pie delante de la pizarra.

-¡Buenos días a todos! –dice el profesor–.Vamos a empezar la clase.

Todos sacan sus bolígrafos y sus cuadernos. Poco a poco dejan de hablar. Empieza otro lunes más en el instituto.

---

rollo algo aburrido

2

EDURNE

Desde la ventana de la sala puede ver las luces de la ciudad. Las vistas de Madrid son espectaculares. El parque del *Retiro* le recuerda al parque que está al lado de su casa en *San Sebastián*, pero Edurne *echa de menos* el mar. También echa de menos a su padre que, después de divorciarse de su madre, ahora vive en Barcelona, pero sobre todo, echa de menos a sus amigos y a su hermano Aitor, el único que todavía vive en el País Vasco y al que solo ve cuando tiene vacaciones. Lleva solo ocho meses en Madrid y todavía no se puede acostumbrar a esta gran ciudad. Demasiado grande para ella. Demasiado incómoda para una chica como ella.

Ahora Edurne vive con su madre, una periodista que, desde hace un año, trabaja para Televisión Española en uno de los programas más populares.

Son las nueve de la noche. Suena el teléfono y Edurne responde.

-¡Hola, mamá!

-Hola, hija. ¿Qué tal el día?

-Bien. ¿Cuándo vienes? Te estamos esperando para cenar.

Retiro famoso parque en el centro de Madrid

San Sebastián capital de la provincia de Guipúzcoa en el País Vasco, en vasco se llama Donostia

echar de menos pensar en algo o en alguien que está lejos

-Cariño, lo siento, hoy voy a llegar tarde otra vez. Tengo una cena de trabajo... Te prometo que mañana llego a casa pronto, pedimos una pizza y vemos una película de las que te gustan a ti. ¿*Vale*?

-Ya... Eso dices siempre.

-Cariño, lo siento de verdad, pero es este trabajo... Está contigo María Isabel, ¿verdad?

-Sí, claro.

-Seguro que después de cenar se sienta contigo a ver la tele un rato...

-Vale, mamá. No pasa nada... Te veo mañana.

-Un beso muy grande y descansa.

-Un beso, mamá.

María Isabel, una señora ecuatoriana que trabaja en casa de Edurne desde hace más de cinco años, está escuchando la conversación.

-Tu mamá no puede venir a cenar, ¿verdad?

-Dice que tiene una cena de trabajo y que va a llegar tarde...

-Bueno, *mijita*, cenamos entonces nosotras. ¡Tenemos una cena deliciosa! Y el postre que más te gusta: ¡arroz con leche!

-¡Qué bien! –dice Edurne sonriendo.

-Vamos entonces, la cena está lista y se va a enfriar.

Edurne y María Isabel cenan en la cocina. Edurne se come dos platos de *arroz con leche* aunque piensa que no debe comer demasiados dulces.

---

vale OK
mijito/a expresión cariñosa que se utiliza en algunos países hispanoamericanos
arroz con leche *ver ilustración en página 12*

arroz con leche

María Isabel le pregunta si quiere ver la televisión con ella, pero Edurne prefiere ir a su habitación. Va al cuarto de baño y se mira en el espejo. Piensa que está demasiado gorda, no le gusta su pelo, no le gusta su cuerpo, no le gusta su vida, no le gusta vivir en Madrid... En su habitación tiene un gran *escritorio* frente a la ventana desde la que también se ve toda la ciudad. Madrid le parece una ciudad preciosa, pero ella no puede disfrutarla, no es fácil para ella moverse sola por las calles y, además, no tiene amigos... Bueno, hay una compañera de clase, Paloma, que siempre se sienta a su lado en el instituto. A veces la llama por teléfono, salen a pasear o van al cine, pero vive lejos de su casa y se ven poco.

Edurne se sienta frente a su ordenador y entra en un chat donde normalmente se encuentra con su amiga Paloma. Además de con su amiga, muchas veces Edurne chatea con chicos y chicas que no conoce, normalmente con jóvenes madrileños. Su nick es «sansedur». Busca a su amiga «siberia», el nick de su amiga Paloma, pero no la encuentra. Sin embargo, esta noche ve uno que le llama la atención: «arrozconleche». ¡Qué *casualidad*!

SANSEDUR: Hola, eres mi postre favorito.

ARROZCONLECHE: ¡Hola! También es el mío.

SANSEDUR: Je, je, je.

ARROZCONLECHE: ¿Sansedur? Es un nick un poco raro. ¿Qué significa?

escritorio

casualidad coincidencia

SANSEDUR: Sanse porque soy de San Sebastián.
ARROZCONLECHE: ¿Y Edur?
SANSEDUR: Edur es mi nombre.
ARROZCONLECHE: ¿Te llamas Edur o Edu?
SANSEDUR: Edur.
ARROZCONLECHE: ¿Eres un chico o una chica?
SANSEDUR: Chica.
ARROZCONLECHE: Pues tienes nombre de chico.
SANSEDUR: Je, je.
ARROZCONLECHE: ¿Estás en Madrid?
SANSEDUR: Sí, ¿Y tú?
ARROZCONLECHE: También.
SANSEDUR: ¿Y cómo te llamas?
ARROZCONLECHE: Jorge.
SANSEDUR: ¿Edad?
ARROZCONLECHE: 16.
SANSEDUR: Como yo.
ARROZCONLECHE: ☺

3

EL INSTITUTO DE JORGE

El instituto de Jorge se llama *IES* Beatriz Galindo y como en todos los IES, se puede estudiar Educación Secundaria y Bachillerato. Es un gran edificio de los años sesenta que se encuentra entre las calles Goya y Claudio Coello. Entre otras instalaciones, tiene una gran *sala de actos*, tres gimnasios y una pista de fútbol, de baloncesto y de hockey.

Hoy es martes y Jorge llega al instituto con sus amigos Marta y Nacho. A primera hora tienen Matemáticas, la *asignatura* favorita de Nacho. A Jorge también le divierten, pero no saca tan buenas notas como su amigo. Marta es la que tiene mejores notas de los tres, pero siempre le pide ayuda a Nacho con las Matemáticas. Jorge sabe que Marta no tiene problemas con esa asignatura y cree que tiene otro interés. Hace tiempo que piensa que ella *está enamorada* de su amigo y que a Nacho también le gusta Marta.

Entran en el *aula*. Al fondo hay dos sitios vacíos juntos y otro justo detrás.

-Nacho, ¿puedo sentarme contigo? Así me ayudas si no entiendo alguna cosa –pregunta Marta.

IES Instituto de Educación Secundaria
sala de actos lugar donde se pueden reunir los alumnos para ocasiones especiales
asignatura las diferentes materias que se estudian en un curso
estar enamorado/a sentir amor por alguien
aula espacio donde se dan las clases

Nacho mira a Jorge. Normalmente se sienta con él, pero hoy cree que prefiere hacerlo con Marta.

-Claro, siéntate conmigo –responde Nacho mirando a Jorge.

-Vale. Yo me siento detrás de vosotros. Está bien. ¡Así puedo copiar! –dice Jorge.

Durante la clase Jorge nota cómo sus amigos se miran. Ve cómo, cuando están haciendo un ejercicio, Nacho le toca la mano a Marta y ella no dice nada. «Parecen dos enamorados. Je, je», piensa Jorge. *De repente* suena el *timbre*. Ahora tienen Inglés. Su profesora, Cathy, es muy simpática. Sus clases son muy divertidas. Siempre hacen juegos y aprenden mucho. Marta y Nacho vuelven a sentarse juntos. Nacho está muy contento y Marta también. Nacho mira a Jorge y le *guiña un ojo*. Jorge sonríe y piensa: «Mi amigo está feliz».

Después de la clase de Inglés tienen Filosofía con Félix, un profesor con el que pasan la hora de clase hablando sobre temas interesantes. Jorge siempre saca buenas notas en esta asignatura.

A las once salen al *recreo*. Muchos chicos y chicas juegan al fútbol, al baloncesto o a otros deportes. Los patines y los skates *están prohibidos* en el patio del instituto. Algunos se sientan a *charlar* mientras se comen un bocadillo. Jorge está con Marta y con Nacho. Los tres están sentados en un *banco*.

---

de repente cuando no se espera
timbre sonido que indica que tienen que volver a clase
guiñar un ojo cerrar un ojo para expresar complicidad
recreo descanso entre una clase y otra
estar prohibido/a no estar permitido
charlar hablar

banco

-¿Queréis? –pregunta Jorge–. Es de jamón.

-Como siempre. ¿No te gusta otra cosa? Siempre comes bocadillos de jamón –dice Marta.

-Es que a Jorge solo le gusta el jamón –dice Nacho riendo.

-Pues si no queréis, me lo como yo solo –dice Jorge dándole un bocado al pan con jamón.

-No entiendo cómo estás tan delgado... ¿Cuántos bocadillos de jamón te comes al día? –pregunta Marta.

-Pues como mínimo uno, a veces dos... –responde Jorge.

-¿No queréis un poco de fruta? Tengo un plátano y una manzana –pregunta Marta.

-No, gracias –dice Jorge.

-Yo me voy a comer una manzana –dice Nacho.

-Toma.

-Gracias –dice Nacho mirando a Marta a los ojos y sonriendo.

Dos minutos después, suena el timbre y tienen que volver a clase.

A las tres de la tarde terminan las clases. Marta está hablando con su amiga Vanesa. Jorge y Nacho la están esperando en la puerta del instituto para volver a casa juntos en metro.

-¿Qué pasa, tío? –pregunta Nacho–. ¿Por qué me miras así?

-No, nada... Te veo muy contento...

-¿Por qué lo dices?

-Está claro. Marta está enamorada de ti.

-¿Eh?

-Y tú también de ella y eso me parece muy guay.

Nacho es muy tímido y tiene la cara totalmente roja. Mira a Marta y después mira a su amigo Jorge.

-Tienes razón… Marta *me mola* mucho… Ahora tenemos que encontrar una chica para ti y así podemos salir los cuatro juntos.

-Yo no estoy enamorado de nadie.

-¿No te gusta ninguna chica de la clase?

-No… –dice Jorge.

De repente Jorge piensa en Edur… No sabe nada de esa chica, pero le parece interesante, misteriosa. Esta noche va a intentar hablar con ella otra vez.

---

molar expresión que utilizan los jóvenes para decir que les gusta algo o alguien

4
EL LICEO EUROPEO

Todas las mañanas Edurne baja en *ascensor* desde el piso 23 de la Torre de Valencia en la calle Menéndez y Pelayo hasta el aparcamiento. Siempre la acompaña María Isabel.

Salen del ascensor y llegan al coche. María Isabel ayuda a Edurne con la *silla de ruedas*. Edurne se apoya en los hombros de María Isabel y entra en el Mercedes. Se ponen el *cinturón de seguridad* y salen a la calle.

El Liceo Europeo está en el norte de la ciudad, en La Moraleja, uno de los barrios más exclusivos de Madrid. Todas las mañanas Edurne tiene que salir de casa con tiempo para poder atravesar la ciudad y no llegar tarde a sus clases. Como todas las grandes ciudades, Madrid, antes de las ocho de la mañana, se llena de coches por todas sus calles.

María Isabel aparca, baja del coche y saca la silla de ruedas de Edurne. Abre la puerta y la ayuda a sentarse.

-Bueno, mijita, ya estamos. Un besito. ¡Que pases un buen día, mi amor!

-Gracias, María Isabel. ¡Hasta luego!

Edurne está sentada en su silla de ruedas. Es el modelo más caro y más seguro que existe en el mercado. Solo tiene que apretar un botón y la silla se pone en marcha. Sube por

---

ascensor aparato que se encuentra en un edificio para subir o bajar pisos
silla de ruedas silla que utilizan las personas que tienen problemas para caminar
cinturón de seguridad es obligatorio cuando se viaja en coche o en avión

la *rampa* que hay a un lado de la puerta de entrada y llega al *vestíbulo* del Liceo Europeo, un centro bilingüe donde se puede estudiar desde Primaria hasta Bachillerato. La mayoría de las clases son en inglés y aunque muchos de sus compañeros son españoles, también hay otros de otras nacionalidades: alemanes, italianos, chinos, rusos...

Su mejor y única amiga es Paloma, una chica de dieciséis años como ella. Paloma es madrileña pero también es el primer año que estudia en el Liceo Europeo y por eso tampoco conoce a mucha gente. Normalmente se sientan juntas y pasan sus ratos de recreo hablando. A Edurne le gustan mucho los deportes, en especial la natación y todos los días nada un rato en la piscina. Es el mejor momento del día para ella, cuando se siente más libre. En el agua no necesita la silla de ruedas para moverse.

-Mira a Pablo, ¡qué guapo es! ¿No te parece muy guapo? –pregunta Paloma.

-Bueno, guapo sí es, pero es un poco *creído*, ¿no crees? Siempre está rodeado de chicas y todas están locas por él...

-Sí, pero a mí me gusta mucho. A veces, cuando nos cruzamos por los pasillos, me mira y sonríe. ¡Y yo me pongo muy *nerviosa*!

-A Pablo le gustan todas las chicas. Es mucho más interesante Gonzalo, no es tan guapo, pero es el único chico simpático de la clase.

---

rampa espacio que no tiene escaleras y que permite entrar o salir con facilidad
vestíbulo gran sala que se encuentra en la entrada de un edificio
creído/a alguien que cree que es mejor que los demás, una persona vanidosa
nervioso/a lo contrario de tranquilo, cuando alguien tiene un examen, por ejemplo

-¿Te gusta Gonzalo? –pregunta Paloma.

-No está mal..., pero a mí no me interesan los chicos. Ya lo sabes.

De repente Edurne piensa en Jorge... No sabe nada de ese chico, pero le parece especial, divertido... Esta noche va a intentar hablar con él otra vez.

5

EN EL CHAT

Edurne siente curiosidad por Jorge. No sabe quién es, no lo conoce, pero su intuición le dice que es un chico que *vale la pena*. Está un poco nerviosa y no sabe por qué... Se sienta delante de su ordenador y entra en el chat. Busca a Jorge.

Jorge siente curiosidad por Edur. No sabe quién es, no la conoce, pero su intuición le dice que es una chica que vale la pena. Está un poco nervioso y no sabe por qué... Se sienta delante de su ordenador y entra en el chat. Busca a Edur.

SANSEDUR: ¡Hola, arroz con leche! ☺

ARROZCONLECHE: Hola, Edur, ¡tú por aquí otra vez!

SANSEDUR: ¿Qué tal el día?

ARROZCONLECHE: Muy bien, ¿y tu día?

SANSEDUR: Bien... normal.

ARROZCONLECHE: No pareces muy contenta.

SANSEDUR: Sí, sí, estoy contenta. Estoy escuchando mi canción favorita.

ARROZCONLECHE: ¿De quién?

SANSEDUR: De Generación Cero, un grupo de hip hop, ¿los conoces?

ARROZCONLECHE: Sí, sí, claro. Molan mucho. ☺

SANSEDUR: El futuro es el futuro...

ARROZCONLECHE: ¡El presente es el presente!

---

valer la pena algo o alguien muy interesante, por el que no importa hacer un esfuerzo

SANSEDUR: Es la canción que estoy escuchando ahora mismo.
ARROZCONLECHE: ¡Es la mejor de Generación Cero! ☺
SANSEDUR: El mes que viene dan un concierto aquí en Madrid.
ARROZCONLECHE: ¿Vas a ir?
SANSEDUR: No lo sé todavía, pero me gustaría. ¿Y tú vas a ir?
ARROZCONLECHE: ¡Seguro que sí!
SANSEDUR: ¡Qué suerte!
ARROZCONLECHE: Conozco al cantante.
SANSEDUR: ¡*Mentiroso*!
ARROZCONLECHE: ¡Es verdad!
SANSEDUR: ¡No te creo!
ARROZCONLECHE: Te digo que es verdad, pero *da igual*...
ARROZCONLECHE: Oye, ¿cómo eres?
SANSEDUR: ¿Cómo me imaginas?
ARROZCONLECHE: Guapa, simpática, inteligente, divertida. ☺
SANSEDUR: Divertida es posible y también saco buenas notas en el *insti*.
ARROZCONLECHE: ¡Eres una *empollona*!
SANSEDUR: Estudio un par de horas todos los días...
ARROZCONLECHE: ¡Y seguro que eres muy simpática y muy guapa también!
SANSEDUR: ¿Guapa y simpática? No sé... ☺

---

mentiroso/a persona que no dice la verdad
dar igual no importar
insti instituto
empollón/a alguien que estudia mucho

ARROZCONLECHE: ¿Y tú cómo me imaginas?

SANSEDUR: Seguro que eres simpático. Lo demás no me importa.

ARROZCONLECHE: Si quieres podemos hablar por Skype.

SANSEDUR: Prefiero hablar contigo así. Es más misterioso...

A Edurne también le gustaría ver a Jorge, pero se siente insegura. Nunca sale con chicos. La miran con cara de *pena* cuando la ven con su silla de ruedas y a ella no le gusta dar pena.

ARROZCONLECHE: Pero si nos vemos, mola más...

SANSEDUR: A mí no me mola.

ARROZCONLECHE: Pero yo quiero verte. Una foto por lo menos...

SANSEDUR: Bueno, si tienes mucha curiosidad por verme, te puedo enviar una foto... si tú me envías una tuya.

Jorge ahora se siente también inseguro, no le gusta su físico y cree que está demasiado delgado. Sin embargo, tiene mucha curiosidad por ver la cara de Edur.

ARROZCONLECHE: Vale, te la envío ahora mismo.

SANSEDUR: Yo también.

Los dos buscan una foto en su ordenador. Tiene que ser una buena foto de cara, no quieren mostrar su cuerpo. Edurne por su silla de ruedas y Jorge porque cree que está demasiado delgado.

Edurne mira la foto de Jorge. Un chico moreno con una cara muy simpática, con gafas y el pelo rizado. Le gusta.

Jorge mira la foto de Edurne. Una chica rubia con el

---

pena tristeza

pelo largo. Tiene *pecas* y una nariz muy bonita. Lo mejor es su sonrisa…

«Me gustaría conocerla en persona. Podemos ir juntos al concierto de Generación Cero», piensa él. Pero Jorge no sabe si Edur, después de ver su foto, va a estar interesada en seguir chateando con él.

«Me gustaría conocerlo en persona. Podemos ir juntos al concierto de Generación Cero», piensa ella. «Seguro que piensa que soy guapa, al menos eso es lo que dice todo el mundo». Pero Edurne tiene miedo de la reacción de Jorge si la ve con la silla de ruedas. «Es mejor tener una relación *virtual* por Internet», piensa.

SANSEDUR: Gracias por la foto. Ahora tengo que irme a dormir.

ARROZCONLECHE: ¿Tan pronto?

SANSEDUR: Lo siento. ¿Hablamos mañana?

ARROZCONLECHE: ¿A las diez?

SANSEDUR: OK. Hasta mañana. ☺

ARROZCONLECHE: ☺ ¡Hasta mañana!

---

peca punto o marca en la piel

virtual algo que no es real

6

JORGE Y EDURNE

Al día siguiente, Edurne va al Liceo Europeo. No puede quitarse de la cabeza la imagen de Jorge. No entiende qué le pasa. Es la primera vez que siente algo por un chico.

-¡Hola, Edurne! –saluda Paloma.

Edurne no ve a su amiga y sigue por el pasillo del instituto. Paloma va detrás de ella.

-¡Edur! ¡Hola! –insiste Paloma.

-¡Ah! ¡Hola, Paloma! ¡Buenos días! –responde Edurne con una sonrisa.

-Tía, ¿qué te pasa? Parece que *estás en las nubes.*

-No, nada...

-A ti te pasa algo. Venga, cuéntamelo. Soy tu amiga, ¿no?

-Pues nada... que llevo dos días chateando con un chico.

-¡Un chico!

-Sí. Se llama Jorge. Bueno, en el chat "arrozconleche".

-Je, je... seguro que es muy *dulce.* ¿Y cómo es?

-A mí me parece muy guapo y tiene una cara muy simpática, pero en realidad es un chico normal: moreno, pelo rizado, gafas...

-Mola. ¿Y hoy vas a volver a chatear con él?

-Voy a intentarlo...

---

estar en la nubes cuando alguien no está concentrado, cuando está pensando en otra cosa

dulce normalmente se usa para decir que algo lleva mucha azucar, se puede usar para hablar del carácter amable de una persona

Suena el timbre y Edurne y Paloma tienen que entrar en clase. Las dos amigas se sientan, como siempre, juntas. Se miran y sonríen.

Jorge llega al instituto con sus amigos. Marta y Nacho van cogidos de la mano. Piensa que tienen mucha suerte y que a él un día también le gustaría ir de la mano con una chica… ¿Con Edur?

Esta noche quiere volver a chatear con ella. Quiere saber más de ella, quiere conocerla. No entiende por qué se siente así, pero es la primera vez que le pasa algo parecido.

En el recreo Marta está hablando con un grupo de amigas y Nacho y Jorge están sentados en un banco. Jorge está comiendo su bocadillo de jamón y Nacho un bocadillo de queso.

-Tío, llevo dos noches chateando con una chica y creo que me gusta.

-¡Qué guay, tío! ¿Y cómo se llama?

-Edur. Es un nombre un poco raro…

-No es raro. Mi *tía* de Bilbao se llama Edurne y la llamamos tía Edur.

Jorge acaba de descubrir que la chica del chat se llama en realidad Edurne y le parece un nombre muy bonito.

-¿Y cómo es?

-Rubia, simpática… Un poco rara. No sé…

-¿Y cuándo nos la vas a presentar?

-¡Uy! Primero la tengo que conocer yo… No sé si ella está tan interesada en mí como yo en ella…

-Seguro que sí.

-Vamos a ver qué pasa esta noche…

---

tío/tía el hermano o la hermana de tu padre o de tu madre

7

¿NOS VEMOS?

Edurne no puede dejar de pensar en Jorge y cuando llega a casa decide imprimir su foto. Así puede verlo en cualquier momento...

María Isabel llama a la puerta de la habitación.

-Mijita, tu madre está a punto de llegar y la cena está en la mesa. Deja de estudiar y ven a la cocina.

-Ahora voy, un momentito –responde Edurne.

Edurne oye abrir la puerta y sale de su habitación.

-¡Hola, mamá!

-Hola, mi amor. ¡Dame un par de besos!

Edurne y su madre *se abrazan* y se besan.

-¿Qué tenemos hoy para cenar, María Isabel? –pregunta la madre de Edurne.

-Hoy hay pescadito y ensalada –dice María Isabel.

Las tres mujeres se sientan a la mesa. Empiezan a cenar. Son las diez menos cuarto y Edurne cena rápidamente. *Tiene prisa* por ir a su habitación para chatear con Jorge.

-Bueno, yo no puedo comer más. Me voy a mi habitación.

-Cariño, ¿tan pronto? –pregunta su madre.

-No tengo hambre...

-¿Por qué no te quedas un poco a hablar con nosotras?

-Es que quiero chatear un rato con mis amigos.

---

abrazarse rodear a alguien con los brazos
tener prisa hacer algo rápidamente porque queremos hacer otra cosa

-¿Y con quién chateas?

-Pues con amigos... con Paloma y con más gente del instituto...

-Bueno, de acuerdo. Yo me quedo un rato hablando con María Isabel. Luego voy a darte un beso de buenas noches –dice la madre.

Edurne vuelve a su habitación. Tiene la foto de Jorge al lado de su ordenador. Está nerviosa porque no sabe si hoy lo va a encontrar. Son las diez de la noche. Entra en el chat y mira la lista de chicos y chicas que están chateando. Busca a Jorge. «Arroz con leche, ¿dónde estás?». De repente, ahí está.

SANSEDUR: Hola, ¿qué tal?

ARROZCONLECHE: ¡Hola, Edurne!

Edurne se sorprende porque Jorge la llama por su nombre completo pero no dice nada.

Jorge está feliz. Está contento porque Edurne está en el chat a la hora acordada. «Le gusto», piensa.

SANSEDUR: Jorge, ¿dónde vives?

ARROZCONLECHE: En la calle Fernández de los Ríos, ¿y tú?

SANSEDUR: En un edificio muy alto, cerca del parque del Retiro.

Jorge piensa en el edificio más alto que hay cerca del Retiro.

ARROZCONLECHE: ¿En la torre Valencia?

Edurne no quiere decir dónde vive exactamente. Prefiere *mentir* a Jorge y no arriesgarse a encontrarse con él un día cerca de su casa con su silla de ruedas.

---

mentir no decir la verdad

SANSEDUR: No, no. Vivo en otro edificio. Tú preguntas mucho, ¿no?

Jorge no quiere insistir. Prefiere seguir chateando con Edurne.

ARROZCONLECHE: Está bien. No pregunto más, pero tú sí puedes preguntar…

SANSEDUR: Vale. ¿Dónde estudias?

ARROZCONLECHE: En el instituto Beatriz Galindo.

SANSEDUR: ☹ No lo conozco.

ARROZCONLECHE: Está en la calle Serrano.

«La calle Serrano no queda lejos de mi casa», piensa Edurne.

ARROZCONLECHE: ¿Y tú?

SANSEDUR: No puedo decírtelo.

ARROZCONLECHE: ¿Por qué no?

SANSEDUR: Porque no…

ARROZCONLECHE: Pero tú ahora sabes dónde estudio…

SANSEDUR: Ya, pero yo no puedo decirte dónde estudio yo.

ARROZCONLECHE: ¿Por qué no *quedamos*?

SANSEDUR: Eso es muy difícil. Imposible.

ARROZCONLECHE: ¿Por qué?

SANSEDUR: Es un secreto…

ARROZCONLECHE: Me encantan los misterios…

SANSEDUR: Tú y yo solo podemos ser amigos virtuales.

ARROZCONLECHE: ¿Por qué dices eso? ¿Tienes *novio*?

SANSEDUR: ¡Claro que no!

---

quedar acordar encontrarse con alguien en algún lugar

novio/a persona con la que se tiene una relación amorosa

ARROZCONLECHE: Pues a mí me gustaría conocerte.

SANSEDUR: Mejor no.

ARROZCONLECHE: Podemos ir al concierto de Generación Cero juntos...

SANSEDUR: No puedo.

ARROZCONLECHE: No te entiendo...

Edurne no quiere seguir chateando. Se siente incómoda, no quiere tener que dar más explicaciones. No quiere contarle su vida a Jorge...

SANSEDUR: Tengo que irme.

ARROZCONLECHE: Pero dime por qué no podemos vernos.

SANSEDUR: Lo siento. Buenas noches

ARROZCONLECHE: ¡Un momento!

SANSEDUR: Dime.

ARROZCONLECHE: ¿Hablamos mañana?

SANSEDUR: Si quieres...

ARROZCONLECHE: ¿Tú quieres?

SANSEDUR: Sí...

ARROZCONLECHE: Pues hasta mañana. ¿A la misma hora?

SANSEDUR: OK.

8

DUDAS

Edurne necesita hablar con Paloma y contarle cómo se siente. Cree que, después de la conversación de anoche, Jorge no va a volver al chat.

-¿Y por qué no vas al concierto de Generación Cero con él? –pregunta Paloma–. Si quieres, voy con vosotros.

-¡Ni hablar! Ahora puedo hablar con él todos los días. Si me ve en la silla de ruedas, seguro que deja de interesarse por mí.

-¿Por qué dices eso?

-Porque sí. Porque nadie quiere tener una novia en silla de ruedas.

-Edurne, ¿por qué no hablas con él y le dices la verdad? Es la única forma de saber si realmente...

-¡Tú crees que *estoy loca*! No, no le voy a decir que no puedo andar.

-Pero los médicos dicen que tienes muchas posibilidades de *curarte*...

-Hace años que dicen lo mismo. Yo ya no creo en los médicos.

Paloma entiende a su amiga, pero es la primera vez que la ve interesada en un chico y quiere ayudarla.

-Además, seguro que ya no quiere chatear más conmigo.

---

estar loco/a alquien que actúa de manera poco normal
curarse ponerse bien

-¿Por qué no? Seguro que sí.

Jorge está *triste*. Está en el metro con sus amigos Nacho y Marta y no dice nada. Nacho y Marta lo miran.

-Tío, ¿te pasa algo? Estás muy serio –dice Nacho.

-No, no me pasa nada.

-Es por Edurne –dice su amigo.

-Es que no entiendo a las chicas... Quiere hablar conmigo, pero no quiere verme... Seguro que no le gusto...

-¿Por qué dices eso? –dice Nacho.

-No sé... Le pasa algo... Quiere ser mi amiga, pero solo por Internet.

-Pues esta noche entras en el chat y si no la encuentras, *te olvidas* de ella y ya está –dice Nacho.

-Y no pasa nada. Hay muchas chicas en el insti... –dice Marta–. Yo conozco a una que siempre me pregunta si tienes novia.

-¿Quién? –pregunta Jorge.

-¡Mi amiga Vanesa! –responde Marta.

«Vanesa es muy simpática, pero no me gusta. A mí me gusta Edurne», piensa Jorge.

---

triste lo que siente alguien cuando no está contento
olvidarse no pensar más en algo o en alguien

9
PALOMA

Edurne sale del instituto con su amiga Paloma. Busca a María Isabel, pero no ve el Mercedes que va a *recogerla* todos los días.

-¿Ves a María Isabel? –pregunta Edurne.

-No, no la veo.

-¡Mira! Es mi padre, está allí esperándome. Seguro que quiere llevarme a cenar fuera esta noche –dice Edurne.

-No pareces muy contenta.

-Es que si voy a cenar con mi padre esta noche, no voy a poder chatear con Jorge... Y si no me ve en el chat, va a pensar que no quiero hablar más con él...

Paloma tiene una idea, pero prefiere no decirle nada a su amiga.

-No pasa nada, mañana hablas con él.

El padre se acerca a su hija y le da dos besos.

-¡Hola, hija! Estoy en Madrid por trabajo y tengo el resto del día libre. Vamos a dar un paseo y luego a cenar a tu restaurante favorito.

-Hola, papá... Si quieres vamos a dar un paseo, pero luego prefiero cenar en casa. Tengo que estudiar porque mañana tengo un examen.

-Pero Edurne, ¿vas a dejar a papá solo? Mañana vuelvo a Barcelona y tengo muchas ganas de estar contigo... Cenamos y luego te dejo en casa temprano.

---

recoger ir a buscar a alguien a un colegio, un aeropuerto, etc.

Edurne no puede *negarse*. Hace mucho tiempo que no ve a su padre y también quiere estar con él.

-¡De acuerdo! Cenamos juntos... –dice Edurne un poco preocupada.

Son las diez de la noche y Jorge entra en el chat. Busca a «sansedur», pero no la encuentra. «No está. No quiere hablar conmigo», piensa Jorge.

Paloma enciende su ordenador y entra en el chat. Sabe que su amiga Edurne no está, pero busca a Jorge, «arrozconleche».

SIBERIA: ¡Hola!

ARROZCONLECHE: Hola...

SIBERIA: Eres Jorge, ¿verdad?

ARROZCONLECHE: Sí, ¿cómo sabes mi nombre? ¿Te conozco?

SIBERIA: No, a mí no me conoces, pero a mi amiga sí.

ARROZCONLECHE: ¿Quién es tu amiga?

SIBERIA: Edurne.

ARROZCONLECHE: Estoy buscándola, pero no la veo por el chat. ☹

SIBERIA: Es que está cenando con su padre.

ARROZCONLECHE: ¿Sabes qué le pasa a Edurne?

SIBERIA: ¿Por qué lo preguntas?

ARROZCONLECHE: ¿Sabes por qué no quiere verme?

SIBERIA: Sí, pero es algo que tienes que descubrir tú.

ARROZCONLECHE: ¿Y cómo puedo descubrirlo?

SIBERIA: Mañana voy a dar un paseo con ella por el parque del Retiro.

---

negarse decir que no

ARROZCONLECHE: Pero Edurne no quiere verme.
SIBERIA: ¿Quieres saber por qué Edurne no quiere verte?
ARROZCONLECHE: Sí, claro.
SIBERIA: Entonces ven al parque del Retiro a las seis y media.
ARROZCONLECHE: ¿Dónde exactamente?
SIBERIA: En el *Palacio de Cristal*. Pero tienes que *esconderte*.
ARROZCONLECHE: ¿Por qué tengo que esconderme?
SIBERIA: Porque ella no sabe que tú vas a verla.
ARROZCONLECHE: ¡OK! Mañana a las seis y media en el Palacio de Cristal.

Palacio de Cristal estructura de hierro y cristal construida en el parque del Retiro de Madrid en 1887
esconderse no ponerse a la vista de otras personas

10

EL PALACIO DE CRISTAL

Son las seis y media de la tarde. El cielo es de color naranja y rojo. Hace frío, pero hay gente paseando por el parque. Jorge está nervioso. Está frente al Palacio de Cristal, detrás de un árbol.

De repente, ve a dos chicas caminando. Las dos tienen el pelo largo. Pasan muy cerca de él, pero ninguna de las dos es Edurne. Al cabo de unos minutos aparece una chica morena empujando una silla de ruedas. Se dirigen al Palacio de Cristal. Sentada en la silla hay una chica rubia con el pelo largo. Jorge la mira y la reconoce. ¡Es Edurne!

A Jorge le parece una chica guapísima aunque se sorprende al verla en una silla de ruedas. Ahora entiende por qué Edurne no quiere verlo.

Paloma y Edurne están hablando y a Jorge la sonrisa de Edurne le parece la más bonita del mundo.

Las chicas se han parado al lado del Palacio de Cristal y Jorge sigue escondido. No puede dejar de mirar a Edurne y de pensar que le gusta mucho. Jorge está bastante cerca y puede escuchar a las chicas.

-Tienes que intentar hablar con Jorge esta noche –dice Paloma.

-No sé, después de lo de ayer, seguro que no quiere hablar más conmigo.

-Tú entra en el chat esta noche. ¡A lo mejor tienes una sorpresa!

Al cabo de un rato las chicas se van y Jorge *se queda quieto* detrás del árbol. Cuando las chicas están bastante lejos, empieza a caminar hacia su casa. Puede coger el metro, pero prefiere volver a pie y pensar...

Cuando llega a su casa, busca la foto de Edurne en su ordenador, la imprime y la cuelga en la pared de su habitación.

Llaman a la puerta.

-¡Jorge! ¿Qué haces? –pregunta su padre.

-Estoy estudiando.

El padre de Jorge ve la fotografía de Edurne en la pared.

-¿Quién es esa chica? –pregunta el padre sentándose en la cama.

-Se llama Edurne.

-¿Es tu novia?

-No lo sé...

-¿Pero te gusta?

-Sí, mucho.

-Es muy guapa y parece simpática.

-¡Sí! –dice Jorge.

-¡Venga! ¡Vamos a cenar! –grita la madre desde el comedor.

-¿Vienes? –pregunta el padre.

-Sí, ahora voy.

El padre de Jorge sale de la habitación. Jorge se queda un momento mirando la foto de Edurne. «Esta noche tengo que *convencerla* para ir al concierto conmigo. Tengo que conocerla», piensa.

---

quedarse quieto/a no moverse
convencer cambiar la decisión u opinión de alguien

11

MÁS QUE AMIGOS

Edurne está en su habitación. Son las diez de la noche y está delante del ordenador. Está nerviosa porque piensa que no va a encontrar a Jorge.

Jorge está delante del ordenador. Quiere decirle a Edurne que sabe que está en una silla de ruedas y que no le importa, pero cree que si se lo dice, ella no va a querer tener más contacto con él...

ARROZCONLECHE: ¡Hola, Edurne!

SANSEDUR: ¡Hola, Jorge! ¡Qué sorpresa!

ARROZCONLECHE: ¿Cómo estás?

SANSEDUR: Ahora bien...

ARROZCONLECHE: Yo también. Contento. ☺

SANSEDUR: ¿Qué tal el día?

ARROZCONLECHE: Muy bien. ¿Y tú, qué tal?

SANSEDUR: Esta tarde he estado en el Retiro con mi amiga Paloma.

ARROZCONLECHE: A veces yo también voy al Retiro. Me gusta mucho.

Edurne piensa que no va volver a ir al Retiro con su amiga, no quiere encontrarse un día con Jorge.

ARROZCONLECHE: Oye, tengo *entradas* para el concierto de Generación Cero.

---

entrada billete que sirve para entrar a un concierto, al teatro o al cine

SANSEDUR: ¡Qué suerte!

ARROZCONLECHE: Tengo una para ti, no puedes decirme que no.

Edurne no sabe qué escribir... pasan diez segundos, pasan veinte segundos...

ARROZCONLECHE: Si no vienes al concierto, entiendo que no te gusto...

Pero Edurne sigue sin responder. Piensa que esto es el fin de una posible historia de amor. Pero finalmente empieza a escribir.

SANSEDUR: Sí me gustas, pero... *tengo miedo.*

ARROZCONLECHE: ¿Miedo de qué?

SANSEDUR: De no gustarte...

ARROZCONLECHE: Pero me gustas mucho.

SANSEDUR: No sé...

ARROZCONLECHE: Tengo las entradas. No puedes decir que no.

SANSEDUR: Te vas a llevar una sorpresa.

ARROZCONLECHE: No me importa. Quiero conocerte.

SANSEDUR: De acuerdo, pero solo si puede venir mi amiga también.

ARROZCONLECHE: OK. Tengo muchas entradas. Conozco al cantante.

SANSEDUR: ¡Mentiroso!

ARROZCONLECHE: ☺

---

tener miedo sentimiendo de inseguridad, también lo sentimos cuando vemos una película de terror

12

EL CONCIERTO

Jorge está en la puerta del Palacio de Deportes con sus amigos Nacho y Marta. Están esperando a Edurne y a Paloma. La calle está llena de jóvenes.

Jorge lleva una camiseta de Generación Cero, unos *pantalones vaqueros* muy grandes, una *cazadora* y unas *zapatillas* de deporte blancas. Está más nervioso que nunca. Por fin va a conocer a Edurne.

-¡Ahí está Edurne! –grita Jorge.

Edurne está sentada en su silla de ruedas y va vestida de negro. Lleva su camiseta, una *sudadera* y sus pantalones favoritos. También va con zapatillas de deporte, pero las suyas son negras. Está muy nerviosa y va mirando al suelo. Tiene miedo de encontrarse con Jorge. Cree que ir al concierto no es muy buena idea, pero piensa que lo tiene que hacer. Paloma va a su lado.

-¡Hola Edurne, soy Jorge! ¡Por fin nos vemos!

Jorge se acerca a Edurne y le da dos besos.

-¡Hola, Jorge! –dice Edurne sin mirarlo a los ojos–. Ahora ya sabes mi secreto...

sudadera

pantalones vaqueros también se llaman tejanos o *jeans*
cazadora chaqueta corta
zapatillas zapatos para hacer deporte o para estar por casa

Jorge la mira a los ojos. Edurne levanta la cabeza y también lo mira. Jorge sonríe.

-Eres guapísima, Edurne –dice Jorge-. ¿Esta es tu amiga Paloma?

-Hola. Sí, soy Paloma, encantada de conocerte.

-Yo también he venido con mis *colegas*. Marta, Nacho: está es Edurne –dice Jorge–. Y esta, su amiga Paloma.

Después de las presentaciones entran en el Palacio de Deportes. Está lleno de gente, pero Jorge y sus amigos tienen un lugar reservado muy cerca del *escenario*.

De repente, su grupo favorito empieza a tocar. Jorge está al lado de Edurne. Edurne lo mira. Jorge la mira. Se dan la mano.

-¿Estás bien? –pregunta Jorge.

-Sí, ¡muy bien! –responde Edurne.

El cantante de Generación Cero empieza a cantar mirando a Jorge y a Edurne:

El amor es algo sorprendente,
algo que a veces no se entiende.
No importa lo que dice la gente,
es mejor vivir la vida intensamente.
El futuro es el futuro,
el presente es el presente.

---

colega expresión que usan los jóvenes para referirse a un amigo
escenario lugar donde actúa un grupo en una sala de conciertos o un teatro

Preguntas

1. JORGE

- ¿Cómo es Jorge?
- ¿Cómo va todos los días al instituto? ¿Con quién?
- ¿Qué día es hoy?

2. EDURNE

- ¿De dónde es Edurne?
- ¿Con quién vive Edurne?
- ¿A quién conoce Edurne en el chat? ¿Cuál es su nick?

3. EL INSTITUTO DE JORGE

- ¿Qué piensa Jorge de sus amigos Nacho y Marta?
- ¿Qué asignaturas tienen antes del recreo?
- ¿Qué hacen durante el recreo?

4. EL LICEO EUROPEO

- ¿Cómo va Edurne a su instituto?
- ¿Cómo es el Liceo Europeo?
- ¿Quién es Paloma? ¿Quién le gusta a Paloma?

5. EN EL CHAT

- ¿Qué tienen en común Jorge y Edurne?
- ¿Cómo se imagina Jorge que es Edurne?
- ¿Qué es lo más importante para Edurne en una persona?

6. JORGE Y EDURNE

- ¿Qué le cuenta Edurne a Paloma?
- ¿Qué le cuenta Jorge a Nacho?
- ¿Qué quieren hacer esta noche Jorge y Edurne?

7. ¿NOS VEMOS?

- ¿Por qué tiene prisa en cenar Edurne?
- ¿Por qué está feliz Jorge?
- ¿Por qué miente Edurne a Jorge?

8. DUDAS

- ¿Por qué no quiere Edurne ir al concierto con Jorge?
- ¿Por qué está triste Jorge?
- ¿Qué piensa Jorge de Vanesa?

9. PALOMA

- ¿Por qué no está contenta Edurne cuando ve a su padre en la puerta del instituto?
- ¿Por qué entra en el chat Paloma?
- ¿Qué tiene que hacer Jorge para ver a Edurne?

10. EL PALACIO DE CRISTAL

- ¿Qué descubre Jorge cuando está en el Palacio de Cristal?
- ¿Qué hace Jorge cuando llega a casa?
- ¿Qué siente Jorge por Edurne?

11. MÁS QUE AMIGOS

- ¿Por qué Jorge no le dice a Edurne que conoce su secreto?
- ¿Por qué no quiere Edurne volver al Retiro?
- ¿Por qué tiene Jorge entradas para el concierto?

12. EL CONCIERTO

- ¿Cómo va vestido Jorge al concierto? ¿Y Edurne?
- ¿Con quién van al concierto?
- ¿Cómo crees que se sienten Jorge y Edurne después de conocerse?

Más actividades disponibles en Internet en:
easyreaders.eu

Teen Readers los títulos ya publicados

Inglés:

Nivel 0

Philip Hewitt: Emma and the Boy Next Door (Sound)
Ann Halam: The Shadow on the Stairs

Nivel 1

Peter Johnson: Runaway Teacher
Alan Posener: The Double Life of a Very Black Cat
Stephen Speight: Bed & Breakfast (Sound)
Stephen Speight: The Runaway
Jeremy Taylor: Dr Schnitzler´s Dog
Jeremy Taylor: All 4 Love (Sound)
Wolf/Ferro: The Missing Mascot (Sound)

Nivel 2

Rita Bennet: The Scary Chat Room (Sound)
Kevin Brooks: Johnny Delgado – Private Detective
Annie Dalton: Friday Forever
Paul Davenport: Horror Trip on the Pecos River (Sound)
James Heneghan: Hit Squad
James Heneghan & Norma Charles: Bank Job
Philip Hewitt: Helping Hands
Philip Hewitt: Terror in the Hills
George Ivanoff: The Bookworm Mystery
Karen Mccombie: Love is the Drug
E. E. Richardsson: Black Bones
E. E. Richardsson: Devil for Sale (Sound)
Stephen Speight: The Fjord Murder (Sound)
Stephen Speight: Summer School Adventures
Andy Stanton: Sterling and the Canary
Jeremy Strong: Mad Iris
Jeremy Taylor: Football Friends (Sound)
Jeremy Taylor: Luke (Sound)
Lee Weatherly: Them

Nivel 3

Anne Cassidy: Talking to Strangers
Paul Davenport: A Matter of Principle
Paul Davenport: Crossroads to Love (Sound)
Paul Davenport: Wolf Watch
Paul Davenport: Snakeman
Charles Ferro: Horror at Remsen High
Charles Ferro: Moonstruck
Charles Ferro: Pink Paradise?
Charles Ferro: Love Ties
Charles Ferro: Burning Love
Charles Ferro: The Fortune Teller
Charles Ferro: Kool-1
Charles Ferro: The Cave Mystery
Charles Ferro: Vampire Skeletons
Charles Ferro: Voodoo Zombies
Philip Hewitt: Ned Kelly
Philip Hewitt: Quest for a Father
Sylvia Olsen: Yellow Line
Alan Posener: Oh! Carol and Other Steve Stories
Holly-Janee Rahlens:
Prince William, Maximillan Minsky & Me
Jeremy Taylor: Love me Blindly
Tony Varrato: Fakie

Nivel 4

Charles Ferro: Forever Young
Charles Ferro: Over the Line
Philip Hewitt: Secrets
Holly-Jane Rahlens: One Fine Day

Alemán:

Nivel 0

Iris Felter: Mädchen & Der Junge am Meer (Sound)
Greta Gallandy: Halt an, Fremder!
Greta Gallandy: Keine Angst? (Sound)
Patricia Mennen: Kopftuch

Nivel 1

Iris Felter: Tanz mit mir!
Greta Gallandy: Im Chatroom gefangen
Alan Posener: Kater, Ines und Katerina

Nivel 2

Alan Posener: Märchenland
Elsegret Ruge: Vier Freunde auf der 'Kieler Woche'
Elsegret Ruge: Vier Freunde - Abenteuer in München (Sound)
Jürgen Teller: Falkenland (Sound)

Nivel 3

Alan Posener: Olli aus Ossiland

Francés:

Nivel 0

Laurent Jouvet: Radio mystère (Sound)
Christiane Stéfanopoli:
Catastrophe au Camping des Roses (Sound)

Nivel 1

Michel Amelin: Cent vingt minutes pour mourir
Pascal Garnier: Les enfants de la nuit (Sound)
Lenia Major: La lettre mystérieuse
Brigitte Peskine: Mon grand petit frère (Sound)
Jérôme Talou: Parce que je t'aime

Nivel 2

Stéphane Daniel: Un agent très secret
Marie Décary: Rendez-vous sur Planète Terre
Anna Gavalda: 35 kilo d'espoir
Charlotte Gingras: Un été de Jade
Laurent Jouvet: Anne et l'ordinateur (Sound)
Laurent Jouvet: Répétition pour un crime
Joceline Sanschagrin: Atterrissage forcé
Jérôme Talou: L'amour par internet (Sound)
Paul Thiès: Un automne rouge sang (Sound)

Nivel 3

Denis Côté: L'arrivée des inactifs
Michaël Ollivier: Frères de sang
Jérôme Talou: Bruno et l'amour

Nivel 4

Hallum/Louveau: Choc des cultures

Español:

Nivel 0

Jaime Corpas: Amigos virtuales
Javier Navarro: Un mundo fantástico

Nivel 1

Jaime Corpas: Misterio en la Sagrada Familia
Javier Navarro: Una historia de montaña

Nivel 2

Javier Navarro: El nuevo mundo
Javier Navarro: Las estátuas de Machu Picchu

Sound: Available as either Mp3 or CD,
check www.easyreaders.eu

Read On Series
Inglés:
Nivel 1 (A1) - con CD

Kirsten koch jensen: John Cook Finds a Treasure / John Cook Meets a Killer
Kirsten koch jensen: John Cook Crosses Dead Man's Sea / John Cook Makes Chilli Sauce
Kirsten koch jensen: John Cook and the Queen's Crown / John Cook Saves the Queen
Kirsten koch jensen: John Cook Meets a Mermaid / John Cook and the Sea Monster
Kirsten koch jensen: John Cook and the Golden Key / John Cook and the Cruel Kidnapper
Kirsten koch jensen: John Cook and the Stolen Parrot / John Cook Opens a Restaurant

Nivel 2 (A2) - con CD

Benni Bødker: Sarin in Sulphur Valley
Benni Bødker: Sarin in the Emperor's City
Benni Bødker: Sarin in the Foggy Mountains
Benni Bødker: Sarin in Nordheim
Benni Bødker: Sarin in the Salt Mine
Benni Bødker: Sarin and the star Tower

Series A-team
– Free mp3 disponibles en www.easyreaders.eu
Nivel 3

Daniel Zimakoff & Ida-Marie Rendtorff: The Computer Mystery
Daniel Zimakoff & Ida-Marie Rendtorff: The Stolen Monkey
Daniel Zimakoff & Ida-Marie Rendtorff: Kidnapped

Series Labyrinth
Alemán
Nivel 3 (A2/B1)

Martina Gattermann: Auf gefährlichen Wegen (Sound available)
Martina Gattermann: Ein dramatischer Urlaub (Sound available)
Martina Gattermann: SOS aus Wien (Sound available)
Martina Gattermann: Horror in Hintertux